Cornelia Haas · Ulrich Renz

Mi sueño más bonito

Min aller fineste drøm

Libro infantil bilingüe

con audiolibro y vídeo online

Traducción:

Raquel Catala (español)

Werner Skalla, Jan Blomli, Petter Haaland Bergli (noruego)

Audiolibro y vídeo:

www.sefa-bilingual.com/bonus

Acceso gratuito con la contraseña:

español: **BDES1428**

noruego: **BDNO2324**

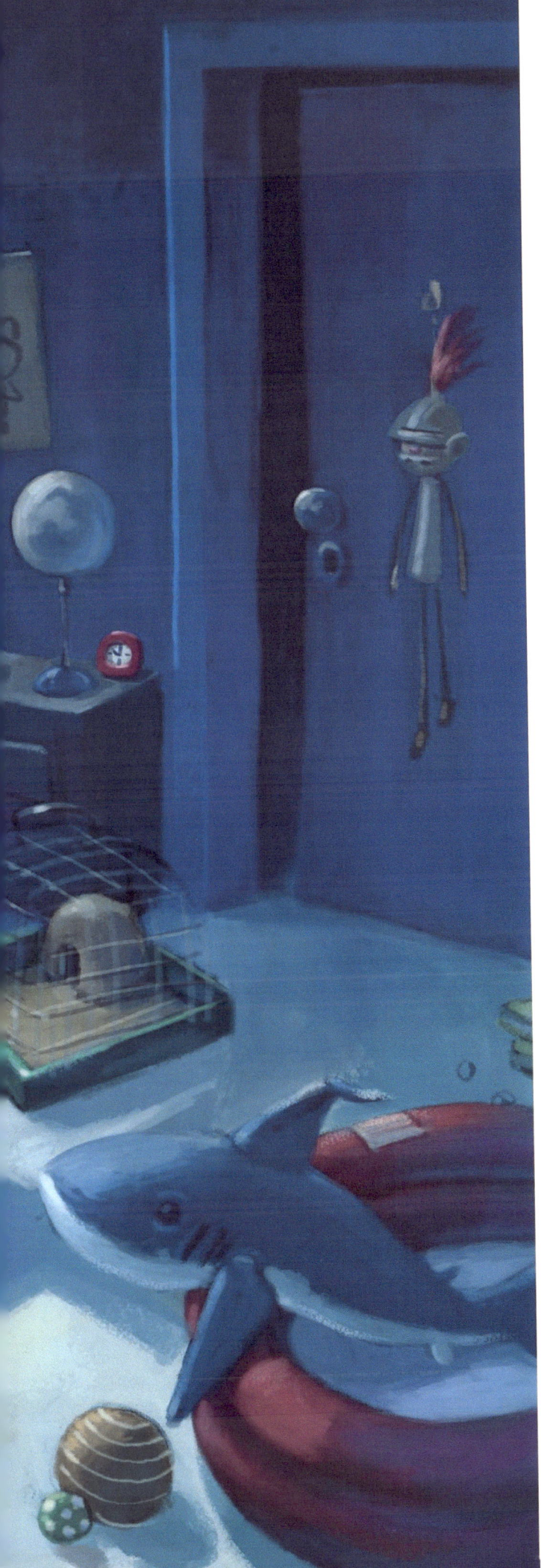

Lulu no puede dormir. Todos los demás ya están soñando – el tiburón, el elefante, el ratoncito, el dragón, el canguro, el caballero, el mono, el piloto. Y el pequeño leoncito. Al osito también se le cierran casi los ojos ...

Oye osito, ¿me llevas contigo a tu sueño?

Lulu får ikke sove. Alle andre drømmer allerede – haien, elefanten, den lille musa, dragen, kenguruen, ridderen, apen, piloten. Og løveungen. Til og med bamsen kan nesten ikke holde øynene åpne ...

Du bamse, kan du ta meg med inn i drømmen din?

Y así está Lulu en el país de los sueños de los osos. El osito está pescando en el lago de Tagayumi. Y Lulu se pregunta, ¿quién vivirá arriba en los árboles?

Al terminar el sueño, Lulu quiere descubrir aún más cosas. ¡Ven conmigo, vamos a visitar al tiburón! ¿Qué estará soñando?

Og med det er Lulu allerede i bamsenes drømmeland. Bamsen fanger fisk i Tagayumisjøen. Og Lulu lurer på hvem som bor der oppe i trærne?

Når drømmen er over, vil Lulu oppleve enda mer. Bli med, vi skal hilse på haien! Hva drømmer han om?

El tiburón está jugando a perseguir a los peces. ¡Por fin tiene amigos!
Nadie tiene miedo de sus dientes puntiagudos.

Al terminar el sueño, Lulu quiere descubrir aún más cosas. ¡Venid con
nosotros, vamos a visitar al elefante! ¿Qué estará soñando?

Haien leker sisten med fiskene. Endelig har han venner! Ingen er redde for de spisse tennene hans.

Når drømmen er over, vil Lulu oppleve enda mer. Bli med, vi skal hilse på elefanten! Hva drømmer han om?

El elefante es tan ligero como una pluma y ¡puede volar! Está a punto de aterrizar en la pradera celestial.

Al terminar el sueño, Lulu quiere descubrir aún más cosas. ¡Venid con nosotros, vamos a visitar al ratoncito! ¿Qué estará soñando?

Elefanten er lett som en fjær og kan fly! Snart lander han på skyene.

Når drømmen er over, vil Lulu oppleve enda mer. Bli med, vi skal hilse på

den lille musa! Hva drømmer hun om?

El ratoncito está mirando la feria. Lo que más le gusta es la montaña rusa.
Al terminar el sueño, Lulu quiere descubrir aún más cosas. ¡Venid con
nosotros, vamos a visitar al dragón! ¿Qué estará soñando?

Den lille musa ser seg om på tivoli. Hun liker best berg- og dalbanen.
Når drømmen er over, vil Lulu oppleve enda mer. Bli med, vi skal hilse på
dragen! Hva drømmer han om?

El dragón tiene sed de tanto escupir fuego. Le gustaría beberse todo el lago de limonada.

Al terminar el sueño, Lulu quiere descubrir aún más cosas. ¡Venid con nosotros, vamos a visitar al canguro! ¿Qué estará soñando?

Dragen er tørst etter å ha sprutet ild. Helst vil han drikke opp hele sjøen med brus.

Når drømmen er over, vil Lulu oppleve enda mer. Bli med, vi skal hilse på kenguruen! Hva drømmer han om?

El canguro salta por la fábrica de dulces y llena toda su bolsa. ¡Más de los caramelos azules! ¡Y más piruletas! ¡Y chocolate!

Al terminar el sueño, Lulu quiere descubrir aún más cosas. ¡Venid con nosotros, vamos a visitar al caballero! ¿Qué estará soñando?

Kenguruen hopper gjennom godterifabrikken og stapper pungen sin full.
Enda flere av de blå dropsene! Og enda flere kjærlighet på pinne! Og
sjokolade!
Når drømmen er over, vil Lulu oppleve enda mer. Bli med, vi skal hilse på
ridderen! Hva drømmer han om?

El caballero está teniendo una pelea de pasteles con la princesa de sus sueños. ¡Oh, no! ¡El pastel de crema ha ido en la dirección equivocada! Al terminar el sueño, Lulu quiere descubrir aún más cosas. ¡Venid con nosotros, vamos a visitar al mono! ¿Qué estará soñando?

Ridderen er i kakekrig mot drømmeprinsessen sin. Oi! Kremkaken
bommer!
Når drømmen er over, vil Lulu oppleve enda mer. Bli med, vi skal hilse på
apen! Hva drømmer han om?

¡Por fin ha nevado en el país de los monos! Toda la banda de monos se ha vuelto loca y está haciendo tonterías.

Al terminar el sueño, Lulu quiere descubrir aún más cosas. ¡Venid con nosotros, vamos a visitar al piloto! ¿En qué sueño habrá aterrizado?

Endelig har snøen kommet til apelandet! Hele apegjengen er ute og gjør apestreker.

Når drømmen er over, vil Lulu oppleve enda mer. Bli med, vi skal hilse på piloten! I hvilken drøm har han landet?

El piloto vuela y vuela. Hasta el fin del mundo y aún más allá, hasta las estrellas. Esto no lo ha conseguido ningún otro piloto.

Al terminar el sueño, están ya todos muy cansados y no desean descubrir mucho más. Pero aún quieren visitar al pequeño leoncito. ¿Qué estará soñando?

Piloten flyr og flyr. Til verdens ende, og videre helt til stjernene. Ingen pilot har klart dette før ham.

Når drømmen er over, er alle veldig trøtte og vil ikke oppleve så mye mer.

Men løveungen vil de likevel hilse på. Hva drømmer han om?

El pequeño leoncito tiene nostalgia y quiere volver a su cálida y acogedora cama.

Y los demás también.

Y ahí empieza ...

Løveungen har hjemlengsel og vil tilbake til den varme, deilige senga si.

Det vil de andre også.

Og da begynner ...

... el sueño más bonito
de Lulu.

... Lulus
aller fineste drøm.

Los autores

Cornelia Haas nació en 1972 cerca de Augsburg, Alemania. Después de su formación como fabricante de cárteles publicitarios, estudió diseño en la escuela técnica superior en Münster y allí se graduó como diseñadora. Desde 2001 ha ilustrado libros infantiles y juveniles, desde 2013 enseña como profesora de pintura acrílica y digital en la escuela técnica superior de Münster.

Ulrich Renz nació en 1960 en Stuttgart (Alemania). Después de estudiar literatura francesa en París, se graduó en la facultad de medicina de Lübeck y trabajó como director de una editorial científica. Hoy en día trabaja como publicista autónomo y, además de escribir libros de divulgación científica, escribe cuentos y libros infantiles.

¿Te gusta pintar?

Aquí encontrarás las ilustraciones de la historia para colorear:

www.sefa-bilingual.com/coloring

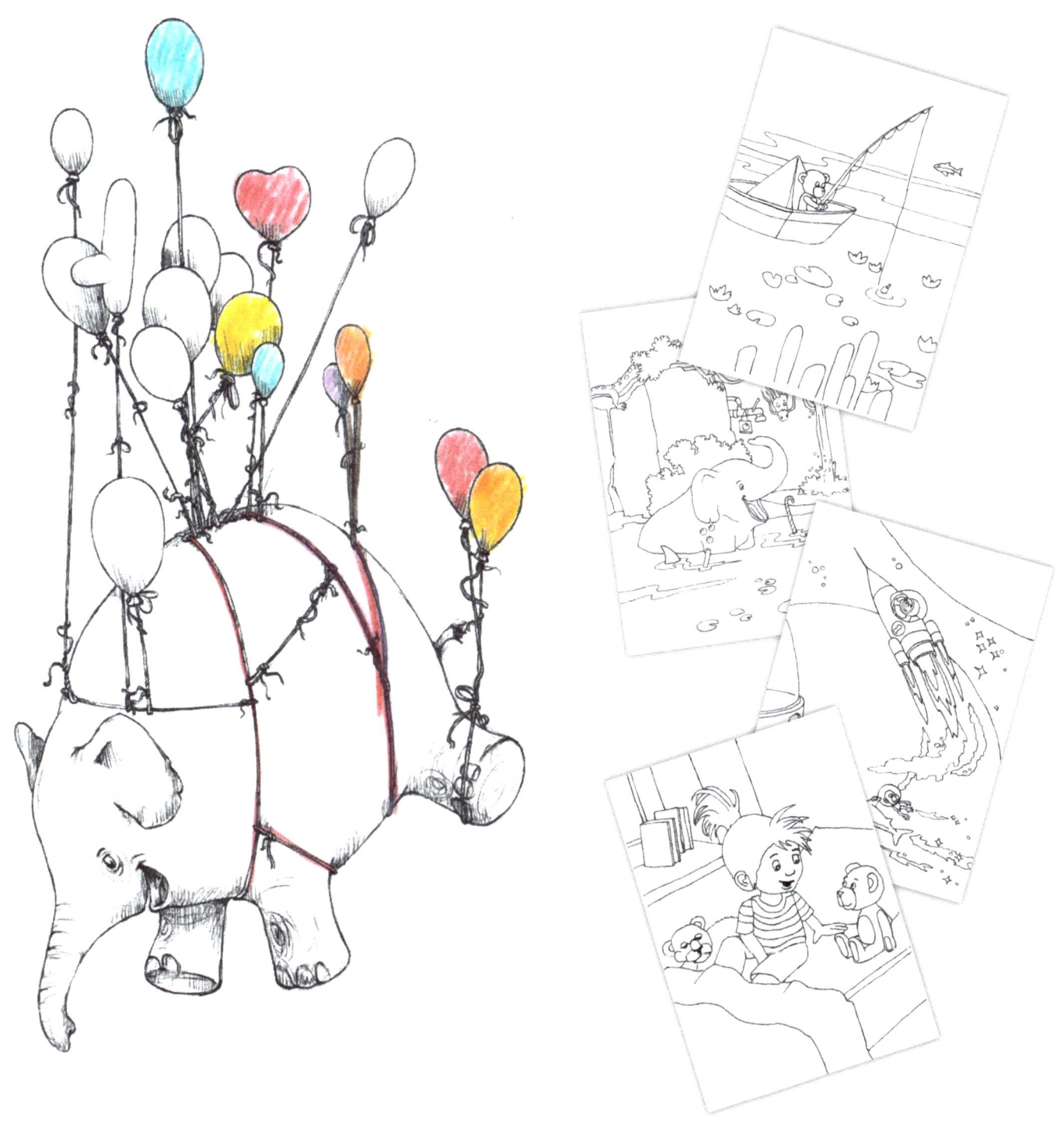

Que duermas bien, pequeño lobo

Edad recomendada: a partir de 2 años

con audiolibro y vídeo online

Tim no puede dormir. ¡Su lobo pequeño no está! ¿Quizás lo olvidó afuera?
Solo se encamina a la noche – y recibe inesperadamente compañía...

¿Disponible en tus idiomas?

► Consulta nuestro „Asistente de idiomas" :

www.sefa-bilingual.com/languages

Los cisnes salvajes

Basado en un cuento de hadas de Hans Christian Andersen

Edad recomendada: a partir de 4-5 años

„Los cisnes salvajes» de Hans Christian Andersen de buena razón es uno de los cuentos más leídos del mundo. De forma atemporal enfoca temas del drama humano: miedo, valentía, amor, traición, separación y reencuentro.

¿Disponible en tus idiomas?

► Consulta nuestro „Asistente de idiomas" :

www.sefa-bilingual.com/languages

© 2024 by Sefa Verlag Kirsten Bödeker, Lübeck, Germany

www.sefa-verlag.de

Special thanks for his IT support to our son, Paul Bödeker, Freiburg, Germany

ISBN: 9783739962610